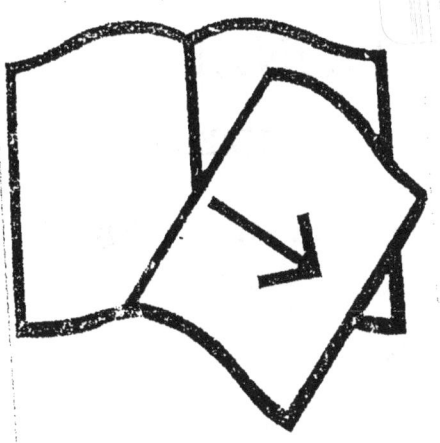

Couvertures supérieure et inférieure manquantes

# DONZÈRE
## RELIGIEUX

### NOTICE HISTORIQUE

PAR

*l'abbé L. FILLET*

MONTBÉLIARD

IMPRIMERIE P. HOFFMANN.

—

1882

Extrait du
*Bulletin d'histoire ecclésiastique et d'archéologie religieuse*
*des diocèses de Valence, Digne, Gap, Grenoble et Viviers*
2ᵉ ANNÉE, 3ᵉ-5ᵉ LIVRAISONS

# DONZÈRE
## RELIGIEUX

L'histoire religieuse de Donzère est connue par des documents relativement anciens et nombreux, et plusieurs écrivains de mérite en ont déjà traité dans des travaux sur cette localité ou sur d'autres. La spécialité de notre point de vue et le désir de mettre à profit quelques renseignements nouveaux, nous ont paru une raison suffisante d'aborder le sujet à notre tour. Nous passerons successivement en revue l'antique abbaye de Donzère, transformée d'abord en simple monastère, puis en prieuré, ses églises paroissiales, ses chapelles, ses confréries, etc.

### I. Abbaye et Prieuré.

Vandrille, né près de Verdun, de parents nobles et riches, fut recommandé à Dagobert I$^{er}$ et devint comte du palais. Renonçant aux avantages de sa position et d'un mariage brillant projeté par sa famille, il se retira près d'un solitaire, sur les bords de la Meuse. Le roi l'y envoya chercher ; mais, fidèle à sa vocation, Vandrille sollicita et obtint la permission d'embrasser la vie religieuse. Après des exercices de rigoureuse pénitence, il visita divers monastères, et fonda lui-même en 648, dans le diocèse de Rouen, sous la règle de saint Colomban, l'abbaye de Fontenelle, où trois cents moines furent bientôt réunis. Enfin il mourut vers 667, et fut mis au nombre des saints.

Son disciple saint Lambert, de Térouanne, lui succéda comme abbé en 667, et obtint de Thierry III, entre 670 et 678, un patrimoine appelé Donzère *(patrimonium aliquod cujus est vocabulum Dusera)*, situé sur la rive gauche du Rhône, en Provence, et destiné à fournir l'huile nécessaire pour l'éclairage et autres besoins de l'abbaye *(ut monachis in cœnobio Fontanellæ morantibus luminaria ministraret ecclesiæ in oleo et cæteris hujus rei necessariis)*. Puis le saint abbé y fit élever un superbe monastère par des religieux envoyés de Fontenelle, qui s'acquittèrent avec soin de cette louable charge ; lui-même, devenu archevêque de Lyon en 678, aimait à s'y délasser dans la retraite et le silence, loin des grandeurs importunes et des sollicitudes accablantes de l'épiscopat. M. ROMAN, dans sa *Carte numismatique du Dauphiné*, cite un denier frappé à l'effigie de saint Lambert, avec la légende *Dusera Mo*, que M. de Longpérier traduit par *Abbaye de Donzère*. Les dates ci-dessus, rapprochées de celle où mourut le saint (690), circonscrivent l'époque où fut frappée cette précieuse monnaie.

Ce monastère, dit un chroniqueur du temps, le moine Aigrade, était grand et surpassait en importance ceux du voisinage. Mais, hélas ! ajoute-t-il, la division du royaume et la discorde des princes favorisant les incursions de la race néfaste des Agaréniens *(nefandæ gentis Agarenorum)*, il fut saccagé avec d'autres lieux vénérables, et Donzère perdu pour l'abbaye de Fontenelle. De graves auteurs rapportent ce funeste évènement à l'invasion Sarrasine dirigée par l'émir Sousouf, gouverneur de Narbonne, qui en 735 livra aux flammes tant d'églises et de monastères dans la vallée du Rhône [1].

Toutefois, Charles-Martel refoule jusqu'à la mer en 737 les dévastateurs de la Provence ; la sage et paternelle administra-

---

1. AIGRADUS monachus, in *Vitâ S. Ansberti Rothomag. episcopi*, cit. dans CHIFFLET, *Hist. de l'abbaye et de la ville de Tournus* (1664), pp. civ et 259-60 ; — LACROIX, *L'arrondissement de Montélimar*, t. III, p. 245-6 ; — L'abbé CHEVALIER, *Répertoire des sources historiques*, v° Lambert (s¹), de Térouanne.

tion de Pépin-le-Bref répare peu à peu les maux du pays ; le génie de Charlemagne comprend que les monastères sont aussi utiles à l'Etat que féconds pour l'Eglise et précieux devant Dieu, et ce prince concède à Norfid en 803 les ruines et les biens du monastère de Donzère, qui est rétabli sans dépendance à l'égard de Fontenelle, et en l'honneur de la Sainte-Vierge, de saint Pierre et des autres saints. Le diplôme accordé portait que Charlemagne *avait donné ce lieu à l'abbé Norfid ou à ses successeurs pour y construire un monastère, et leur en avait assuré pour toujours la possession.*

Louis-le-Pieux, par une charte donnée à Aix-la-Chapelle le 31 mai 814, confirme la donation faite à Norfid, et accorde à *Dexter*, alors abbé de Donzère, et à sa congrégation, la possession perpétuelle et tranquille de leurs biens et de tout ce que leur ont donné des personnes craignant Dieu. Défense est faite à qui que ce soit, même aux juges et agents du fisc, de prétendre quelque droit sur les *églises, terres ou autres possessions* du monastère. Celui-ci est absolument exempt de tout impôt, afin qu'il puisse plus facilement secourir les pauvres et entretenir les religieux, qui auront droit, à la mort de leur abbé et de ses successeurs, d'en élire d'autres, tant qu'ils en trouveront qui veuillent gouverner selon la règle de saint Benoît. Une constitution impériale de 817 range en effet l'abbaye de Donzère, comme celles de Cruas et de Savigny, parmi les maisons religieuses qui ne doivent ni présent ni service militaire au souverain. Quant à la règle de saint Benoît, alors suivie à Donzère, elle prescrivait la pauvreté, l'obéissance, et par jour sept fois la prière, sept heures de travail manuel et deux de lecture ; sauf les jours de jeûne, elle accordait deux repas avec deux mets cuits et un cru, outre le pain et le vin.

Vers le même temps, le comte Warnier avait donné au monastère une *villa* appelée *Masteces* et située dans le pays Tricastin *(in pago Tricastrinensi)*, avec toutes ses propriétés et dépendances. Ce *Masteces*, dit M. Lacroix, était probablement à la Touche, où se trouve un quartier de Mastèses, inféodé en 1345 par Aymar de Poitiers à Guillaume de Rochefort. Or, comme Warnier avait acquis ces biens en partie avec sa première femme *Hildisnota*, laquelle était de condition libre, en partie (Hildisnota morte) avec sa seconde femme Beltilde, servante de Louis-le-Débonnaire; Hildegise, abbé du monastère de Donzère, craignant que la connexion de cette servante ne lui amenât quelque contrariété sur la possession des dits biens, demanda à cet empereur confirmation de toute cette donation; ce que Louis lui accorda le 4 janvier de l'an 837.

A son tour, l'empereur Lothaire favorise l'abbaye de Donzère. Le 10 octobre 840, à la demande de l'abbé Hildegise, il accorde au monastère et à la congrégation y demeurant, le *tonlieu* de deux barques suivant le Rhône ou les autres fleuves de l'empire, et celui des chars et bêtes de somme ; c'est-à-dire que les religieux pouvaient entretenir sur le Rhône et les autres rivières de l'empire deux barques frétées, et sur les routes des chars et bêtes de somme pour leur service, en franchise complète, avec liberté d'aborder dans tous les ports, villes et bourgs, d'y séjourner, d'y négocier avec les habitants, vendre ou acheter, sans payer aucun droit de péage, aucune contribution [1].

Mais, le 18 octobre 850, Celse, évêque de Viviers, obtenait de Lothaire le renouvellement des immunités accordées à son évêché par Louis-le-Débonnaire, la confirmation de tous ses biens, et la cession de l'abbaye de Donzère située dans le comté d'Orange, sur le Rhône, avec les petits monastères en dépendant *(cum cellulis suis)*, et l'île Formigère, propriété fiscale du comté de Vivarais. Puis, le 11 août 877, à la prière du duc Boson et par charte donnée à Besançon, Charles-le-Chauve confirmait à Eucher, évêque de Viviers, et à son église la même abbaye de Donzère avec ses petits monastères et dépendances, et y ajoutait tout le district de Bergoïate et son double port, Mélas, Godobre, l'île de l'Argentière, le manse de Berre, les églises de Saint-Just, de Saint-Marcel, etc., jusqu'à l'Escoutay [2].

---

1. CHIFFLET, op. cit., p. 260-5 ; — LACROIX, op. cit., t. III, p. 249.
2. COLUMBI, *De rebus gestis episcopor. Vivariens.*, pp. 65 et 75 ; — CHIFFLET, op. cit., p. 265-6 ; — LACROIX, op. cit., t. III, p. 251-2.

Mais, les religieux de Saint-Philibert, dont la règle tenait de celles de saint Basile, de saint Macaire, de saint Colomban et surtout de saint Benoît, avaient été chassés de Noirmoutiers par les Normands. Pendant qu'une partie d'entre eux fondait un établissement à Saint-Pourçain en Auvergne, les autres, conduits par l'abbé Geilon, se fixaient à Tournus, où Charles-le-Chauve leur donnait en 875, avec le château et le village, l'abbaye de Saint-Valérien. Celle-ci prit dès lors le nom de Saint-Philibert, dont le corps y fut transporté.

L'abbé Geilon étant devenu évêque de Langres en 880, son successeur Blitgaire obtint l'abbaye de Donzère.

Louis, roi de Provence, fils de Boson, la lui donna comme refuge contre la rage des Normands, et, du consentement de ce prince, le pape Etienne V et les évêques de la contrée la lui confirmèrent [1]. Ce don fut apparemment fait dans l'assemblée des évêques et des grands tenue à Valence pour l'élection du roi, en 890.

Quoi qu'il en soit de l'époque précise de cette donation, un précepte du 22 juin 896 de ce bon et infortuné roi la rappelle

---

[1]. D'après Chifflet et dom Bullaud, Charles-le-Gros avait déjà, à la prière de Geilon, évêque de Langres, et par charte datée de Chircheim, donné en 886 à l'abbé Blitgaire le monastère de Donzère, situé sur le Rhône, dans le royaume de Provence et au comté Tricastin. Mais Juénin, s'appuyant sur le précepte du roi Louis de 896, révoque en doute la donation de Charles-le-Gros. La courte analyse que nous avons de la charte attribuée à celui-ci, ne permet guère de porter sur son authenticité un jugement précis. Mais, d'après Juénin, « ce titre n'est ni original, « ni exact, ni entier. Ce n'est qu'une copie mal écrite, et déchirée de l'un « des côtés, de sorte qu'une partie de la date y manque, pendant que « l'autre est brouillée. » Ce qu'on peut affirmer, c'est que le titre est implicitement contredit par le précepte de 896, pièce bien authentique, relatée par dom BOUQUET et citée par les *Regesta* de BÖHMER ; qu'il ne figure pas dans ces *Regesta*, et que le moine Falcon, dans une chronique de Tournus, son monastère, chronique donnée par Chifflet lui-même, attribue simplement au roi Louis, fils de Boson, la donation de Donzère à l'abbé Blitgaire (CHIFFLET, op. cit., pp. ciij-vj, 20, 239 et 526 ; — D. BULTAUD, *Abrégé de l'histoire de l'ordre de Saint-Benoît*, II ; — D. BOUQUET, *Recueil des historiens de France*, t. IX, c. 677 ; — JUÉNIN, *Nouvelle histoire de l'abbaïe royale et collégiale de Saint-Filibert et de la ville de Tournus* ; Dijon, 1733, p. 58-61 ; preuv., p. 103-4.

et la confirme. Il y est spécifié que les abbés de Tournus posséderont l'abbaye de Donzère sans conteste ni inquiétude ; qu'aucun juge ou autre officier ne pourra exercer aucune autorité dans l'endroit sans l'invitation de l'abbé, de ses successeurs ou de ses religieux ; que ceux-ci seront libres de tout impôt. Louis accorde tout cela pour l'amour de Dieu, pour obtenir la grâce et la miséricorde de Dieu, pour le repos de l'âme de son père Boson, de sa mère Hermengarde et de son aïeul Louis, pour la stabilité de son règne, et pour que les religieux de Saint-Philibert servent Dieu en sûreté, priant continuellement pour lui. La charte fut donnée *Sitilianis*, dans le comté d'Avignon [1].

Sous la dépendance de Tournus, Donzère perdit son titre d'abbaye pour devenir un monastère ordinaire. Cette transformation était accomplie avant le 23 mai 1059, date où Henri I$^{er}$, roi de France, confirmait à Guillaume, abbé de Tournus, et à son ordre, leurs diverses possessions, notamment dans le pays d'Orange, deux monastères : celui de Donzère et celui du Val-des-Nymphes, avec les églises en dépendant *(monasteria duo, Dusaram et Vallem Nimfarum, cum ecclesiis ad se pertinentibus)* [2].

Depuis lors, nous voyons les papes Pascal II en 1105, Calixte II en 1119, Innocent II en 1132, Lucius II en 1144, Alexandre III en 1179 et Innocent IV en 1246, confirmer à Tournus « l'église du bourg de Grignan, de Saint-Vincent, de Saint-Romain, l'église de Tourretes, dans le diocèse de Die ; l'église du Val-des-Nymphes, de Saint-Martin, de Sainte-Marie, de Saint-Pierre, de Saint-Romain, la chapelle de Saint-Michel de la Garde, l'église de l'Aumône, de Sainte-Marie de Grignan, dans le diocèse de Trois-Châteaux ; l'église de Donzère, de Sainte-Marie, de Saint-Benoît, de Saint-Christophe, de Saint-Saturnin, dans le diocèse d'Orange » [3]. Donc, dès 1105 le mo-

---

1. D. Bouquet, loc. cit. ; — Juénin, op. cit., preuv., p. 103-4.
2. Chifflet, op. cit., pp. clx et 312-5 ; — Juénin, op. cit., p. 94-5 ; preuv., p. 126-8.
3. « In Diensi, ecclesiam de castro Grainan, S. Vincentii, S. Romani, « ecclesiam de Torrites. In Tricastinensi, ecclesiam de Valle Nymphis,

nastère de Donzère était détruit ou abandonné. Restait cependant son église, dédiée à Marie, mais désormais subordonnée à celle de la paroisse. Deux ou trois moines seulement pourvoyaient à la gestion des biens et au service paroissial. L'un d'eux, le chef ou *prieur* eut sa charge érigée en titre au XIII° siècle, sous le vocable de la Sainte-Vierge, jadis titulaire du monastère, tandis qu'un autre spécialement chargé des choses saintes, sous la dépendance du prieur, avait la sienne érigée en titre de sacristie. Aussi un rôle des bénéfices de Tournus, dressé vers 1290, mentionne-t-il le *prieuré de Donzère (prioratus de Donzera)*, comme celui de la Garde et celui de Tourretes 1. Mais voici un fait qui précise davantage la chose, au moins pour le XIV° siècle.

Le 27 septembre 1344, Girard IV, abbé de Tournus, conférait le prieuré de Tourretes à frère Rigaud de Perlant, prieur de Beaulieu dans le diocèse du Puy. Or cette collation fut faite à Donzère, dans le prieuré de ce lieu et en la chambre dudit seigneur abbé, en présence de religieux homme messire Luc Vital, sacristain de Donzère, nobles Bertrand Dassier et Gaillard Laroche, damoiseaux, du diocèse de Cahors *(Caturcensis diœcesis)*, Jean, barbier dudit seigneur abbé, du diocèse de Saint-Flour, Raymond Ayrol, du diocèse de Cahors, et Raymond *Garii*, notaire public impérial recevant. Puis, Grignan ayant des difficultés sur la dîme avec le nouveau prieur, celui-ci et les syndics de la commune se réunirent au château de Grignan le 10 août

« S. Martini, S. Mariæ, S. Petri, S. Romani, capellam S. Michaelis de
« Gaba *(var.* Garda), ecclesiam de Eleemosyna, S. Mariæ de Grainan. In
« Aurasicensi, ecclesiam de Dosera, S. Mariæ, S. Benedicti, S. Christo-
« phori, S. Saturnini *(var.* Saturni). In Vasionensi, . . . . » (CHIFFLET,
op. cit., pp. 400-6 et 454 ; — JUÉNIN, op. cit., preuv., pp. 145-8 et 174-7 ;
— MIGNE, *Patrol. lat.*, t. CLXIII, c. 161).

D'où vient que ces bulles supposent Donzère dans le diocèse d'Orange, tandis qu'il était certainement dans celui de Trois-Châteaux ? C'est tout simplement le résultat d'une confusion occasionnée par l'union de l'évêché de Trois-Châteaux avec celui d'Orange de 827 à 1107. De même on voit plus tard les droits féodaux et prieuraux des évêques de Viviers à Donzère faire supposer à tort celui-ci dans le diocèse de Viviers.

1. CHIFFLET, op. cit., p. 512-4.

1545. Là, ils remirent leur différend à la décision de nobles et religieux hommes, messires Astorge de Perlant, prieur de Donzère, Luc Vital, religieux de l'ordre de Saint-Benoît, et Albert de Vanosc de Montségur, prêtres, qui donnèrent leur décision le même jour et au même lieu.[1]

Mais, si en vertu de la donation de l'abbaye de Donzère aux religieux de Tournus par Louis roi de Provence, les évêques de Viviers avaient été dépouillés entièrement des biens temporels même de l'abbaye (ce qui est fort probable, quoique le précepte de 896 ne soit pas bien formel là-dessus), ces prélats ne renoncèrent pas pour toujours à Donzère. En 1147, l'empereur Conrad octroyait à son parent Guillaume, évêque de Viviers, outre les droits de battre monnaie et d'exiger des péages, le territoire de Donzère et tout ce que ses prédécesseurs avaient donné à son siége.

Des chartes de Frédéric I<sup>er</sup>, en 1177, et de Frédéric II, en 1235, ne sont pas plus explicites. La dernière mentionne cependant le péage par eau et par terre de Donzère et de Bourg-Saint-Andéol, cédé à l'évêque Bernoin et enlevé à son successeur par le même prince, en 1244, pour le punir de s'être uni avec les rebelles de l'Empire.

Seigneurs supérieurs de Donzère, les évêques de Viviers en trouvaient le prieuré doublement à leur convenance : ils saisirent l'occasion d'y entrer.

La peste et la guerre venaient de frapper les terres et les fiefs de l'évêché de Viviers, et en avaient diminué les ressources. Il y avait urgence de lui venir en aide, et le prieuré de Donzère lui fut dévolu pour cela vers 1374. Clément VII décréta cette union ardemment désirée. Des protestations s'étant élevées peut-être, le patriarche d'Antioche confirma le décret et consacra l'adjonction, dans le concile de Bâle, en 1436.

Quelques graves que fussent les raisons de cette mesure, les religieux de Tournus aspiraient à rentrer en possession de Donzère. En 1458, leur abbé, Hugues III de Fitigny, à l'occasion apparemment de quelques circonstances qui lui parurent favo-

---

1. Mairie de Grignan, *Transcriptions* de L. Pays, fol. 101-130.

rables, fit dans ce but une grande tentative. Il nomma Hugues
Richalme au prieuré de Notre-Dame de Donzère *(prioratus beatœ Mariœ de Donzera)* ; puis, du consentement de son couvent,
établit une imposition de 368 écus d'or sur les bénéficiers en
dépendant. Parmi ceux qui figuraient sur le rôle, nous trouvons, après l'abbé lui-même et ses officiers claustraux, 21 prieurs
et un sacristain. Ce sacristain est précisément celui de Donzère ; ce qui fait penser que les religieux de Tournus avaient
conservé un pied à Donzère ou s'étaient ménagé des intelligences dans la place. Il est taxé à 3 écus d'or, tandis que le
prieur de Tourretes l'est à 6, et celui de la Garde à 8. Mais
l'abbé ne put réussir ; les évêques de Viviers continuèrent à
posséder Donzère à titre de prieurs, moyennant une redevance
annuelle de 10 livres au chambrier de Tournus, laquelle fut
payée jusqu'en 1537, mais dont ils trouvèrent depuis le moyen
de se décharger, comme firent pour les leurs plusieurs autres
prieurs dépendants de la même abbaye 1.

Enfin, le prieuré de Donzère, dont le revenu annuel était de
1500 livres en 1601, et que Juénin ne comptait plus en 1733
qu'à titre de souvenir déjà lointain parmi les dépendances
tournusiennes, échappa, comme la seigneurie du même lieu,
aux évêques de Viviers, dans la tourmente de 1791.

Quant aux bâtiments de l'antique abbaye et à son église
dédiée à Marie, ils ne purent traverser intacts le cours si
orageux des X° et XI° siècles. Et puis, l'invasion du diocèse de
Trois-Châteaux par les Albigeois, au commencement du XIII°,
amena de nouveaux désordres. Quoique l'histoire soit muette
sur le sort de Donzère à cette époque, il y a lieu de former à
son égard de tristes conjectures. L'église de Sainte-Marie,
encore debout en 1246, dut tomber peu après. Le prieuré de
1344 n'était certainement qu'un débris, plus ou moins bien
restauré, des anciens lieux réguliers ; peut-être même n'en
était-il qu'un successeur amoindri, dégénéré, différent d'emplacement comme de forme. Lui aussi, d'ailleurs, est tombé à
son tour, ou a reçu une autre destination et subi des méta-

1. COLUMBI, op. cit., p. 153; — JUÉNIN, op. cit., pp. 229-30; preuv., p. 274-5.

morphoses qui le rendent méconnaissable. Comment avec cela préciser aujourd'hui le point occupé par le vénérable monastère bénédictin ? Il est vrai qu'en étudiant Donzère de près, on voit que l'abbaye devait être placée auprès de l'église dédiée à saint Benoît, dont les ruines existent encore dans le cimetière. Ce lieu était certainement à choisir pour la facilité des relations et de la défense. On a même cru retrouver des restes de l'antique demeure monacale dans ces pans de mur, noircis par le temps, qui se voient encore près de la station du chemin de fer de Paris à Marseille. Cela concorde assez bien avec notre plan. Mais, en attendant des fouilles et des découvertes qui fournissent de nouveaux renseignements, on ne peut rien affirmer sur la destination de ces masures, dont une dégradation complète dérobe les caractères architecturaux [1].

## II. Églises paroissiales.

Impuissants à cultiver les terres qu'ils devaient à la munificence royale, les religieux de Donzère s'étaient associé des malheureux fuyant devant l'anarchie, désireux de vivre en paix, et disposés à un travail honnête. Divisant leurs possessions en lots, ils les cédèrent ainsi morcelées à ces nouveaux colons, sous la redevance de cens annuels et de droits multiples représentés par les corvées et une part des produits du sol. D'autres personnes, vouées aux arts que demandent et entretiennent l'agriculture et toute agglomération d'individus, groupèrent leurs demeures auprès du monastère, et formèrent le noyau d'un bourg naissant. Colons, artisans, industriels, tous vivaient en sûreté sous une administration paternelle.

Cet état de choses existait certainement dès le IX<sup>e</sup> siècle, comme le prouve la défense faite par Louis-le-Débonnaire, en sa charte de 814, de violenter, sans l'assentiment des religieux, les hommes du monastère, tant libres que non libres, qui demeuraient sur les terres de ce monastère *(homines ipsius*

---

1. Juénin, op. cit., p. 311; — L'abbé Vincent, *Notice historique sur Donzère*, p. 10-1; — Lacroix, op. cit., t. III, p. 347-8 et 350.

*ecclesiæ, tam ingenuos quamque et servos, qui super terram ipsius resedere videntur)* 1.

Mais l'extension de la colonie et la nécessité de lui procurer des offices religieux et un service divin en harmonie avec ses besoins et les lois canoniques, sans gêner les offices monastiques, amenèrent la construction d'une église distincte de celle du monastère, et desservie par les religieux. Ce fut la création d'une paroisse ; et cette création eut lieu de bonne heure. La défense du même Louis-le-Pieux, faite dans la même charte de 814, d'inquiéter les religieux de Donzère en quoi que ce soit à propos de *leurs églises (in ecclesias prædicti monasterii)* 2, prouve qu'ils en avaient déjà plusieurs, c'est-à-dire une au moins outre celle du monastère ; et il y a lieu de supposer qu'elle était église paroissiale.

En 1059, Henri I<sup>er</sup>, roi de France, donne à Tournus le monastère de Donzère et celui du Val-des-Nymphes, avec les églises leur appartenant *(cum ecclesiis ad se pertinentibus)* 3. Parmi les églises appartenant à ces monastères, il y avait certainement une église paroissiale de Donzère.

Mais il faut surtout reconnaître que Donzère formait paroisse et avait son église paroissiale en 1105, date où Pascal II confirmait à Tournus l'*église* proprement dite de Donzère *(ecclesiam de Dosera)*, et quatre autres que la bulle lui subordonne 4.

Les bulles papales de 1119, 1132, 1144, 1179 et 1244, confirmant les mêmes églises à Tournus et dans les mêmes termes que celle de 1105 5, ne nous apprennent rien de nouveau, sinon que ces cinq édifices, ou d'autres revêtus des mêmes titres, existaient encore à Donzère à ces diverses dates.

Nous disons *ou d'autres revêtus des mêmes titres*. Car, au moins en ce qui concerne l'église paroissiale, il dut y avoir substitution d'édifice à édifice entre 1105 et 1244. En effet, l'église d'aujourd'hui, qui conserve encore les parties princi-

---

1. CHIFFLET, op. cit., p. 260-2.
2. Ibid.
3. CHIFFLET, op. cit., p. 312-3 ; — JUÉNIN, op. cit., preuves, p. 126-8.
4. MIGNE, *Patrol. lat.*, t. CLXIII, c. 161.
5. CHIFFLET, op. cit., pp. 400-3 et 454 ; — JUÉNIN, op. cit., preuv., pp. 45-18 et 174-7.

pales de sa construction primitive, fut élevée vers la fin du
XII⁰ siècle, à en juger par son style, qui est celui de l'époque
dite *de transition*, comprise entre le règne exclusif du plein
cintre et la naissance de l'ogive. Du reste, dédiée à saint
Philibert, titulaire de l'abbaye de Tournus même, elle est conforme au plan généralement suivi dans l'ordre de Saint-Benoît,
auquel appartenaient les moines de Tournus.

Pendant le XIII⁰ siècle et la plus grande partie du XIV⁰,
le service de cette église fut fait, sous la nomination et la dépendance du prieur, et avec l'approbation de l'ordinaire, par
un sacristain, secondé au besoin par d'autres prêtres. En
1344, le prieur et le sacristain étaient des moines de Tournus.
Quant le prieuré eut passé aux évêques de Viviers, ceux-ci
entretinrent à Donzère un sacristain et un curé, toujours sujets
à l'approbation de l'évêque de Saint-Paul, dans le diocèse duquel était Donzère.

La commune avait une grande part à l'entretien de l'église
et de son mobilier. En 1414, elle employa 16 gros 15 deniers
à l'achat de 9 aunes 1/2 de toile pour faire une aube et deux
amicts, et 10 gros à la réparation de *lesensier* (encensoir), et
elle paya 3 gros au vicaire de Saint-Paul qui visita l'église et
ordonna de la réparer dans un an, sous peine d'excommunication. Puis, après la bénédiction d'un four en 1425, on voit les
recettes de Rivas et Restauran, « sindics, consols et procu-
« rayres » en 1436, s'élever à 61 florins, dont une partie pour
taille imposée « par la réparacion de la glieysa, bayla à levar à
« Nicholau Reynaut » ; et leurs dépenses accusent en effet restauration de l'église. En 1441, encore réparation de l'église,
où eut lieu en 1485 un incendie qui y dévora une foule de
documents anciens, renfermés dans une caisse en noyer, notamment les libertés de la commune. Ce fait est constaté par
une enquête de mars 1486, sous Jean de Montchenu, évêque
de Viviers, auquel les habitants recoururent pour avoir confirmation de quelques articles de leurs libertés sauvés au moyen
de copies. Encore en 1486, la vic'te épiscopale de Mʳ ʳ de
Saint-Paul coûte à la commune 9 florins et 2 gros[1].

1. Lacroix, op. cit., t. III, p. 283-92.

Après plus d'un demi-siècle sans incidents religieux à relever, viennent des guerres à la fois civiles et religieuses, dont l'église et le clergé auront à souffrir.

Dès 1560, Donzère subit sans trop de conséquence des dépenses et logements de troupes contre les protestants. Mais bientôt il verra de près l'horreur des combats. D'après M. l'abbé Vincent, le farouche baron des Adrets se présenta devant Donzère à la tête d'un corps d'armée considérable de protestants, « l'em-
« porta après une courte résistance, puis le livra à une solda-
« tesque sans frein et sans retenue. L'église pillée et mise à sac
« est convertie en prêche pour la plus grande joie des protes-
« tants que laisse le vainqueur, afin de conserver sa nouvelle
« conquête. Ceux-ci donnant libre carrière à leurs mauvais
« instincts, font peser un joug de fer sur les habitants ; ils les
« dépouillent, les écrasent d'impôts, s'emparent des revenus
« des biens ecclésiastiques, et par des vexations, des menaces,
« des mesures arbitraires, s'efforcent de gagner des disciples
« à Calvin [1] ».

Nous ne savons la date précise de cet évènement. Mais il est certain qu'au commencement de 1562 Donzere était sensiblement infecté de l'hérésie ; car, après la proclamation de l'édit de janvier de la dite année, qui permettait aux protestants de prêcher dans les campagnes, ceux-ci « tinrent et jouyrent le
« temple parochel de Donzere et en iceluy preschèrent par le
« moyen des ministres la pure parole de Dieu, et continuèrent
« l'exercice de pieté et religion chrestienne refformée selon
« ladicte parole de Dieu. » Bien plus, le clergé de la paroisse avait eu lui-même la lâcheté d'embrasser la prétendue réforme.

Plus tard cependant, quelques troupes catholiques tentèrent d'occuper l'endroit ; mais des Adrets, l'ayant appris, écrivit le 11 juin 1562, de Montélimar, la lettre que voici :

« Consuls, manans et habitans du lieu de Donsère, nous
« avons entendu que, par timidité plustost que par malice,
« vous avez voulu recepvoir et loger dans vostre ville les enne-

---

1. Vincent, *Notice histor. sur Donzère*, p. 29-30 ; — Lacroix, op. cit., t. III, p. 297-8.

« mis du roy et du repoz public, qui fust esté vostre entiere
« ruyne. Nous vous commandons et, en vertu de nostre pou-
« voir, enjoignons sur peyne de la vie et du rasement de vos
« maisons, comme rebelles, de ne recepvoir ne loger personne
« dans vostre ville, sans nostre expres commandement ; et
« cependant tenés la plus grande quantité de vivres que vous
« pourres pour la nourriture de vostre camp.

« Pour la seurté de vos personnes et biens, je vous (envoie)
« ce porteur avec certain nombre de souldarts, lesquels avec
« luy recevres et logeres a peyne de la vie.

« Les Adrets. Par mondit seigneur : De Salles ».

Le camp de Montélimar est dirigé sur Pierrelate le surlendemain. Aussi « durant un jour et demy Donzere est sans
« repos, et il loge tant à cheval que à pied, allant ou revenant
« du camp, plus de 1,000 hommes et 300 chevaulx, qui pre-
« noient et emportoient payn, vin et cher. »

Pendant que des Adrets poursuit ses exploits vers le midi, Maugiron s'empare de Grenoble le 14 du même mois. Mais, furieux de cette perte, des Adrets remonte le Rhône pour aller la réparer. Le 27, « le camp vient se dresser à Pierrelapte, en
« atandant le sieur des Adrès. Le dit jour et le lendemain
« grand'foule à Donzere, y mangeant et bevant qui vouloit. »
Puis, le farouche baron, revenu dans le midi, y bat le comte de Suze à Valréas, prend Caderousse, Bédarrides, Courthezon, Orange, etc., et ramène ses troupes à Valence, ce qui occasionne de nouveaux passages de troupes à Donzère, celui du capitaine Rocoles avec 120 hommes le 5 août, celui de Montbrun avec 20 cavaliers le 6, celui du capitaine Pontaix avec ses 120 compagnons le 7, celui de des Adrets avec 25 Provençaux et 40 chevaux d'artillerie le 8, et d'autres [1].

Malgré la paix d'Orléans et l'édit pacificateur d'Amboise (mars 1563), Donzère fut encore écrasé de logements militaires. Mais cet édit eut pour le bourg un effet avantageux. Il permettait aux protestants de s'assembler, pour l'exercice de leur

---

[1]. Rochas, *Biographie du Dauphiné*, t. 1, p. 98 ; — Lacroix, op. cit., t. III, p. 299-302.

culte, dans toutes les villes dont ils étaient alors en possession ; mais l'autorisation de faire le prêche dans toutes les campagnes, accordée par l'édit de janvier 1562, était restreinte pour les seigneurs hauts justiciers à l'étendue de leur seigneurie, et pour les nobles à leur maison seulement, pourvu encore qu'elle ne fût pas dans les villes ou bourgs soumis à la haute justice d'un seigneur catholique. Or, Donzère appartenant à l'évêque de Viviers, les protestants y perdaient leur position. Aussi, dès la publication de l'édit, l'exercice de leur religion cessa dans l'église du lieu ; et un acte du 27 juillet 1563, passé devant Michel de Redon, écuyer, châtelain et lieutenant de juge, porte qu'en une assemblée des consuls et conseillers de Donzère, Brotier, diacre, et Vidal, ancien du consistoire, pour obéir à l'édit ordonnant de restituer aux catholiques leurs droits, rentes, revenus, maisons, temples, couvents et autres propriétés, remettent entre les mains desdits consuls et conseillers « les clefs « et serrures du temple parochel de Donzere pour les garder « ou aultrement fere comme sera par eux advisé. » Ceux-ci répondent que la garde de ces clefs n'entre point dans leurs attributions, et que le châtelain doit les rendre « à ceux qui « auparadvant en avaient heu charge et exercé la prestrise en « la religion romaine. »

Cet avis est goûté, et le châtelain ayant fait appeler et comparaître en « leur personne M<sup>re</sup> Pierre Faure, sacristain ; M<sup>re</sup> « Barthelemy Clement, curé ; Estienne Caramantrant et Estienne « Albareste, prestres servants jadis en lad. charge et leur ayant « donné a entendre la volunté du roy », leur offre les clefs. Mais « sacristain, curé et aultres repondent qu'ils n'en voulent « poinct et ne voulent poinct dire de messe ne faire aultre ser- « vice à Dieu en aultre maniere qu'en la doctrine de la religion « chrestienne selon l'evangile et la pure parole de Dieu et qu'en « icelle voulent vivre et mourir.... »

Les clefs sont rendues à Brotier, qui promet, au nom du consistoire, de les bien garder et de les rendre aux prieur, curé et autres, dès que ceux-ci ou l'un d'eux les demanderaient.

En face de l'apostasie si persistante de Faure et de ses confrères, on ne s'étonne pas que, nonobstant l'édit, les consuls de Donzère aient osé le 9 août de la même année, réclamer la vente aux enchères du blé de la dîme, pour payer leur ministre, et qu'on en ait en effet vendu 36 sétiers du 16 au 25 du même mois.

On voit encore le curé de Donzère, Clément, aliéner à Bonnet le 11 octobre suivant, pour la pension annuelle de 5 florins, une maison dans le bourg, que les consuls achètent à leur tour en doublant les lods ; et Redon, châtelain, sur le refus des prêtres de recevoir les clefs de l'église, décider, le 11 octobre, qu'elle demeurera ouverte « pour certain temps aux fins que « si aulcun vouloit illec fere le service de la fasson romaine, y « puisse aller sans empeschement. »

C'est sans doute vers cette époque qu'il faut placer une requête de 1563 adressée au parlement de Grenoble, et où les consuls et habitants de Donzère racontent qu'ayant quitté l'église dès la publication de l'édit, ils fon depuis lors l'exercice de la religion réformée dans la rue, d'où l'hiver va les chasser ; que, d'ailleurs, « ne se trouveroit aud. lieu maison propre ne « souffisante pour recevoir le peuple, attendu qu'il n'y a aulcun « prebtre qui veulhe fere le service de l'eglise romaine, telle- « ment que led. temple demeure inutile et sans que personne « s'en serve. » En conséquence, ils demandent l'autorisation d'y rentrer, « et en iceluy fere presche de la parole de Dieu et « tout aultre exercice de lad. religion, pour le moins par pro- « vision. »

Le 9 juin 1564, Claude Colas, en l'absence du vice-sénéchal, signifie aux consuls et châtelain du lieu une lettre du maréchal de Vieilleville, où celui-ci dit : « ... J'ay aussi esté adverty par « une lettre que M. le vicaire de l'evesché de Viviers m'a escripte « que a Donzere et a Chasteauneuf, places appartenans aud. « evesque, ne se faict aulcun exercice de la religion catholicque « et romaine. Aultres m'en ont dict aultant de Pierrelapte et « aultres endroicts de vostre ressort, chose à quoy S. M. ne « prendra plaisir et seres le premier à qui on en demandera « raison ; qu'est cause que je vous prie y avoir l'œil et mesme « aud. Donzere et Chasteauneuf, et me mander le plus tost que « pourres ce que en aures faict et aussi comme aures pourveu

« aux aultres lieux de vostre ressort quant au retablissement
« de la messe, à ce que aulcun n'aie occasion de dire que par
« intimidation le service divin a esté en aulcuns lieux inter-
« rompu et aultres dutout délaissé... ».

Le 8 octobre courant, le roi étant à Montélimar, l'évêque de
Viviers lui présente une requête pour empêcher le prêche à
Donzère et à Châteauneuf. Le 11 avril 1565, défense de prêcher
auxdits lieux est faite au ministre, qui refuse d'obéir.

La même année, Etienne Caramentrant, « curé moderne
de l'eglise romaine parochele de Donzère », vend divers im-
meubles de son bénéfice, parce que « durant les troubles de
« la religion, les ornements, autels et aultres choses dédiées
« au service divin, ont esté prises, ravies et rompues et aujour-
« d'hui ne pourroit vaquer au devoir de sa charge et adminis-
« trer les saints sacrements. »

L'année 1566 est tranquille, et le peuple un instant égaré,
revient en foule à la vérité, de sorte qu'en 1567 « de cinq parts »
de Donzère « les quatres plus grandes sont catolics. »

Le 2 septembre 1568, « la plus grande partie de ceux de la
« religion » réformée sortent secrètement du bourg, et les catholiques, craignant sans doute quelque piège, prient le gouverneur de Montélimar de les autoriser à se garder « entre eux,
« afin que quelques voleurs en petit nombre de 20 ou 50 ne
« s'y viennent jetter pour piller les povres gens », de les mettre
sous la protection royale, et de défendre à tout soldat d'entrer
dans leur bourg sans commission [1].

Le 5 avril 1569, ce gouverneur de Montélimar enjoint aux
consuls de Donzère « de se transporter par toutes les maisons
« de ceux de la religion tant fuytifs et absens que autres et
« saisir les armes qu'ils y trouveront, pour après estre balliées
« aux catholiques estens pour le service de S. M. à la forme
« de la commission donnée par le seigneur de Gordes..., et d'y
« proceder par fraction de portes, si besoin est, et par saisie et
« emprisonnement des personnes des reffuzants et empechants

---

1. L'abbé CHEVALIER, *ordonn. des rois de France*, p. 124-5 ; — LACROIX, op. cit., t. III. p. 301-19 ; — *Bull. de la Soc. d'archéol. de la Drôme*, V. 119 et 245-7 ; VIII, 397.

« l'execution des presentes, si aulcuns en y a ;... de fere bonne
« garde de nuict et de jour dans leur lieu par les catholiques y
« estants, affin qu'il ne soit surprins de l'ennemy ». Défense
aux protestants de sortir à l'avenir de leurs maisons, la nuit,
« à la peyne contenué es edicts du roy. » Mais, quelques six
mois après, les catholiques se plaignent de nouveau au gouverneur de n'être pas en sûreté dans leurs maisons, « craignans
« l'incursion et agression nocturne de leurs ennemis, car ayant
« esté esmantelés, ils n'ont moyen de prevenir aucune sur-
« prinse. » Ils demandent donc l'autorisation « de fere rempa-
« rer et ressarrer les breches faictes aud. lieu avec du bastiment
« de pierre seche seulement, et de fermer les portes avec clô-
« ture des ais de treillis. » Ils sont renvoyés à de Gordes, qui
répond, le 22 octobre : « N'y a lieu pour le present. »

Cependant de prochaines épreuves vont de nouveau accabler
Donzère.

Le prince de Condé et l'amiral de Coligny se préparaient à
quitter le Vivarais, à la tête de l'armée protestante, pour entrer en Dauphiné, y prendre Loriol, Livron, Taulignan et
Grane, et attaquer Montélimar. Avant d'effectuer le passage
du Rhône, qui eut lieu le 25 avril 1570, l'amiral chargea « les
« sieurs de Brosse et de Boula, capitaines de deux compagnies
« de gens d'armes de cavalerie » de sa suite, d'aller occuper
Donzère. Ceux-ci entrèrent dans le bourg, le 23 avril, avec 400
hommes qui y séjournèrent jusqu'au 14 mai suivant, y faisant
« grands despans, oultre le bruslement des maisons, ruyne et
« demolicions d'icelles, pilheries et saccagements de meubles. »
Outre cela, la grosse masse du camp protestant étant logée en
l'île de Touchelaze, « des soldats et goujards venoyent à Don-
« zere querir pain, vin, chair et autres choses necessaires, les
« portant au camp avec toute maniere d'utenciles et mesnaige. »
Pour se chauffer et se loger plus commodément, ils prenaient
les poutres des maisons. Prés et blés en herbe servaient à
nourrir les chevaux. Cependant l'amiral ayant été obligé de
lever le siège de Montélimar le 13 mai, de Brosse et de Boula
sortirent de Donzère le 14. Le P. Justin assure que ces capitaines voulurent piller le bourg avant de s'éloigner, mais qu'ils

furent surpris par la garnison de Pierrelate et taillés en pièces. Il ajoute que de Brosse, fait prisonnier, fut conduit à Orange, où il expia son équipée [1].

Depuis lors jusqu'à 1577, Donzère fut à peu près tranquille. Il aurait réparé ses désastres, si des fournitures d'hommes, de vivres et d'argent ne lui eussent été imposées de tant de côtés. Mais, avec la nomination de Lesdiguières à la place de Montbrun, comme général en chef des protestants de Dauphiné, la guerre se ravive. Le 1er ou le 7 février 1577, ceux-ci prennent Donzère. Les circonstances de ce fait d'armes ne nous sont point parvenues; mais une lettre écrite de Bagnols aux consuls par Henri de Montmorency, comte de Damville, allié des protestants, confirme le fait. « Je suis merveileusement marry,
« leur dit-il, du mauvais traitement que advez receu à la prinse
« de la ville et que je n'y puis remedier comme je desirerais.
« J'escrits aux capitaines Bayard et Fargier de vous traiter
« plus doulcement et ne vous empecher en rien que ce soit,
« tant à vostre labeur qu'à vos affaires, de vous rendre vostre
« bestial et de se desister de ce qu'ils prethendent fere paier
« de la somme de 400 escus. S'il vous survient quelque aultre
« chose, m'en advertissant, je y pourvoirai. Je leur ay aussi
« mandé qu'ils se retirent à M. de Gouvernet pour pourvoir à
« la garnison qui y sera necessaire et aux villaiges qui contri-
« bueront à leur entretenement. »

L'entretien des compagnies de « Bayard et Fargier, en
« nombre d'environ de 200 hommes », revint à Donzère « en
« despence de plus de 10,000 livres, outre les ranconnements
« et autres rudesses commis à l'entrée et prinse de ce lieu que
« reviendroyent à pareille somme et davantaige. » Aussi de Gordes leur accorda-t-il, le 9 mai suivant, décharge des impositions mises sur les catholiques. Du reste, d'Ourches, gouverneur de Montélimar, ayant dégagé Donzère et contraint les protestants à l'abandonner, malgré le capitaine Blacons qui voulait se jeter dans la place avec une troupe de cavalerie, y

---

1. CHORIER, *Hist. gén. du Dauphiné*, t. II, p. 638-9; — LONG, *La Réforme et les guerres de relig. en Dauphiné*, p. 96; — L'abbé VINCENT, *Not. cit.*, p. 31-2; — *Bull. de la Soc. d'archéol. de la Drôme*, V, 369; — LACROIX, loc. cit.

établit, le 22 du même mois de mai, Georges Jobert « pour « commander et conserver soubs l'obeissance du roy le lieu « naguieres detenu et occupé par les ennemys. » Puis, Donzère est en paix plusieurs années, sauf quelques alarmes et des contributions réclamées de partout, dont voici un exemple.

Le 22 juin 1580, de Comps, chef protestant, écrivait aux consuls : « J'ay bien vollu fere responce à la vostre pour deux « chiefs, l'un pour vous dire que les biens ecclésiastiques que « l'evesque de Vivaretz prant en vostre lieu vous vous en sai-« sissiez jusqu'à ce que nous les ayons arrentés et deslivrés au « profit de nostre party, ne le faysant, vous assure que je m'en « prendray à vous et à vous habitans. Je me plains de ce que « mes gens passant et repassant par vostre mandement, vous « faites sonner la cloche pour faire que chacun soyt en allarme. « Sy dores enadvant faites telle chose, noz ne vous tiendrons « comme voysins et compatriottes, mais comme ennemys. » Il termine par une invitation à payer « les contributions « ordonnées pour l'entretenement de ses garnisons, » s'ils veulent vivre en repos.

Le 25 janvier 1588, Maugiron charge le capitaine Chamjon de garder avec six soldats le château de Donzère, et les consuls du lieu « d'y jetter quelques vivres » ; et le 10 mai il y place dix hommes commandés par M. des Granges. Mais, le 1ᵉʳ janvier 1589, Donzère est pris par Lesdiguières, qui repasse le 22 du même mois et y met 50 soldats jusqu'à la fin de février. Puis le capitaine Beulaigue vient dans le château avec six hommes par l'ordre de du Poët et y reste un an.

Cet épisode clôt pour le bourg les luttes amenées par la Réforme. Henry IV s'assied sur le trône de France, et les partis contraires laissent enfin notre patrie goûter un repos si désirable.

Les protestants de Donzère, quoique en petit nombre, profitèrent de l'édit de Nantes pour exercer publiquement leur culte. Ils eurent un ministre de 1609 à 1626.

Mais leur nombre baissa encore, et leur culte y avait à peu près disparu, quand la maison servant de temple devint accidentellement la proie des flammes, dans la nuit du 10 au 11 mai 1630. Aussi la révocation de l'édit de Nantes fut à peine sensible dans cette localité, où la population est devenue peu à peu entièrement catholique, à de rares exceptions près. On y comptait 3 protestants en 1873[1].

Pendant que l'hérésie s'en va, le bourg se relève en partie de ses ruines et l'église répare ses brèches matérielles et spirituelles. Sur les remparts restaurés, l'administration, instruite par les maux passés de la fragilité des appuis humains, fait mettre, du côté du midi, l'inscription suivante : *In Domino confido. 1609*. Mais l'église paroissiale fut le principal objet de la sollicitude commune. Elle y avait droit à cause de son caractère sacré et de son mérite architectural.

En effet, « l'ensemble de l'église de Donzère, quoique non « entièrement homogène, ne manque ni de cachet ni de dis-« tinction. A raison même de son caractère indécis, qui est « celui des monuments de transition, elle fixe l'attention des « archéologues, en leur fournissant matière à des observations « utiles pour l'étude comparée des styles d'architecture et de « leurs transformations. » Du reste, cette appréciation du savant abbé Jouve est partagée par d'autres archéologues. Aussi, en 1874, M. Lacroix la signalait-il à une commission archéologique départementale comme un des types du style de transition, dont la conservation importe le plus à l'art et à l'histoire[2].

Et d'abord, son style peu compliqué et peu dispendieux offre une solidité à toute épreuve, et frappe l'imagination par la régularité de ses lignes et un mélange de grandeur et de simplicité. « Le chœur se termine par une abside gracieusement dé-« coupée par trois arcades en son pourtour ; au dehors exis-« tent encore des arcades ; mais elles sont plus petites, plus « élancées et se présentent comme un précieux débris de la ri-

---

1. L'abbé VINCENT, *Not.* cit., p. 33-7 ; — ROCHAS, *Biogr. du Dauphiné*, t. II, p. 69 ; — *Bullet.* cit., V, 374 ; VIII, 397 ; — LACROIX, op. cit., t. III, pp. 320-33 et 350, et t. IV, p. 121-2 ; *Invent. sommaire des arch. de la Drôme*, E, 3361.

2. L'abbé JOUVE, *Statistique monumentale du départ. de la Drôme*, p. 243 ; — *Bullet.* cit., VIII, 106.

« chesse et de la splendeur que l'architecte avait semées sur
« cette partie de l'église. Au transsept s'ouvrent quatre arceaux
« supportant le clocher ; leurs piliers sont ornés d'une colonne
« à demi engagée et couronnée d'un chapiteau admirablement
« travaillé. Une corniche saillante et en quelques endroits fine-
« ment sculptée règne à la naissance de la voûte, qui accuse
« elle-même une tendance au tiers-point. Les murs latéraux
« se divisent en quatre travées, y compris celle du chœur, la-
« quelle est plus large. Dans chaque travée figure un arceau
« peu profond et destiné à l'emplacement d'une chapelle. »

En 1644, la chapelle du chœur, à gauche, appartenait à Jean de Fayn ; la deuxième était dédiée à Saint-André et avait pour recteur le sacristain ; la troisième dépendait de la confrérie des Vignerons ; la quatrième, où se trouvaient les fonts baptismaux, était revendiquée par MM. Joubert et Caramentrant. Du côté de l'épître, étaient une voûte avec caveau pour M. des Granges ; la chapelle de Saint-Jacques, fondée par Bermond d'Aubres, au XIVe siècle ; la chapelle de Saint-Joseph, à M. Joubert ; celles de la Madeleine et de Saint-Sébastien

Mais où était donc la chapelle de Saint-Jean-Baptiste, fondée par Aimard Gontard, en 1376, et dont la dotation fut augmentée de 100 francs par Antoine, son fils ? Sans doute à la place de celle de Saint-Sébastien, qui avait été fondée par la famille Ponce, et que M. des Granges réclamait en 1644 ; car Dauphine Gontard, fille d'Antoine, en épousant Antoine de Moreton, et Louise de Pons, en épousant François de Moreton, avaient porté leurs droits dans la famille de ces gentilshommes, auteurs de M. des Granges.

On remarque encore en l'église, son dôme hardi, complètement roman ; ses fenêtres à plein cintre, sans ornements ni colonnes ; et dehors, son clocher massif, formé d'une tour carrée, percée d'ouvertures étroites, supportant une pyramide octogone sans ornements et trop écrasée.

Quand des mains sacriléges n'avaient pas encore mutilé cette église, tout son revêtement était en pierres de taille rectangulaires, tant à l'intérieur qu'à l'extérieur.

On a très mal à propos, depuis quelques années, substitué

au portail roman une porte vulgaire, qui dépare singulièrement l'édifice, déjà enlaidi par les peintures grossières du chœur [1].

En 1601, le curé et le sacristain recevaient sur les revenus du prieuré une portion congrue de 8 à 9 sétiers de grains, de 16 à 19 barraux de vin et de 2 à 8 écus d'argent. « Le curé vit
« sa position s'améliorer par un legs de 2 *saumées* de blé ou de
« seigle, de 2 barraux de vin et de 2 écus d'argent. Jean de
« Moreton, seigneur des Granges-Gontardes, avait voulu, dans
« son testament daté du 13 octobre 1603, continuer la chaîne de
« bienfaits qui liait Donzère à sa famille et, comme ses nobles
« devanciers, donner à l'église, qui devait recevoir sa dépouille
« mortelle, un témoignage de son attachement. » Malgré cela, les traitements restaient d'une modicité qui explique l'ardeur que curé et sacristain mettaient à revendiquer les offrandes des fidèles, et que l'évêque de Saint-Paul, en 1644, dut amortir par des menaces, afin d'éviter les scandales.

« Le service des chapelles, des obits et des fondations de-
« mandait le concours de plusieurs recteurs ou chapelains ;
« on en comptait quatre ou cinq, tous prêtres séculiers, et dont
« l'entretien reposait sur des pensions, des rentes et des biens-
« fonds. »

De 800 communiants en 1600, la population catholique de Donzère fréquentant les sacrements arrivait jusqu'à 1,000 en 1789, ce qui fit réclamer un second vicaire [2]. Elle est actuellement de plus de 1,500 âmes, et un seul vicaire seconde le curé. La paroisse est de l'archiprêtré de Pierrelate et a titre de succursale. L'excellent esprit et les sentiments si chrétiens qu'on y remarque, sont le fruit de la grâce divine fécondant les travaux des saints prêtres qui s'y sont succédé, notamment de MM. Mellet, aujourd'hui curé-archiprêtre de Saillans, Romieux, promu à Mirabel en 1877, et Mayousse, curé actuel.

---

1. L'abbé Vincent, *Not.* cit., pp. 24-5 et 44-6 ; — Jouve, op. cit., p. 242-3 ; — Lacroix, *L'arrond. de Montélimar*, t. III, p. 348-9, et t. IV, p. 127-9.
2. L'abbé Vincent, *Not.* cit., p. 42 ; — Lacroix, op. cit., t. III, p. 350.

### III. Chapelles extérieures.

En dehors des églises dont nous avons parlé, Donzère offre encore des chapelles ou petites églises, élevées pour faciliter l'accomplissement des devoirs religieux ou pour favoriser la piété. On connaît les sept suivantes.

*Saint-Benoît.* — Le nom du glorieux fondateur de l'ordre monastique en Occident, que porte cette église, paraît la rattacher à l'abbaye relevée en 814. Elle était située non loin du bourg et au couchant. Sa destination primitive n'est pas certaine. Peut-être servit-elle d'abord d'église paroissiale. Cette conjecture est autorisée par les inhumations qui, depuis un temps immémorial, avaient lieu autour d'elle. Mais il n'est pas moins raisonnable d'y voir une chapelle de services funèbres, et il n'est guère douteux que tel n'ait été son emploi dès que le bourg fut entouré de murs, et eut l'église paroissiale dans son sein. Or, ceci avait lieu déjà avant 1105, date où l'église Saint-Benoît était subordonnée à l'église du bourg, et confirmée comme celle-ci par le pape Pascal II à l'abbaye de Tournus.

Encore confirmée à Tournus en 1119, 1132, 1144, 1179 et 1246, la petite église figure fréquemment dans les testaments des aïeux, qui élisaient leur sépulture dans le cimetière de « Monsieur Saint Benoît ». Mais, située hors des murs, elle était particulièrement exposée aux ravages des bandes armées qui, à plusieurs reprises, envahirent le midi de la France. Depuis déjà longtemps elle « n'existe plus ; ses débris jonchent
« la terre et toutefois elle attire les pèlerins en quête d'émo-
« tions et de souvenirs ; c'est qu'elle a pour elle le prestige des
« ruines ; c'est que là dorment de leur dernier sommeil les
« habitants du bourg. Aujourd'hui leurs descendants y vien-
« nent à leur tour, et leurs cendres se mêlent aux cendres de
« leurs devanciers. Ces croix, ces pierres tombales, ces monu-
« ments funéraires, debout sur un sol bénit et arrosé par les
« larmes de tant de générations qui se sont succédé, ces pans
« de murs, ces vestiges d'un pieux sanctuaire, tout émeut
« l'âme, tout la saisit de tristesse, tout la rappelle à l'instabi-
« lité des choses d'ici-bas [1]. »

[1]. Chifflet, op. cit., pp. 400-6 et 454 ; Juénin, op. cit., preuv., pp. 145-

*Saint-Christophe.* — Cette église ou chapelle était située dans la partie sud-est du territoire de Donzère, vers la limite de la Garde avec les Granges. Construite antérieurement au XIIe siècle, elle fut confirmée par les papes à l'abbaye de Tournus en 1105, 1119, 1132, 1144, 1179 et 1246.

Il en est question dans des transactions de 1295 et de 1321. Ces actes décident que les seigneurs et habitants de Pierrelate ont droit à la glandée et au bois de chauffage au-dessus de la fontaine de Javalenc, à Valsèche et dans la blache ou garrigue voisine de « l'église Saint-Christophe », sans pouvoir cependant y établir des fours à chaux, des charbonnières, des verreries, y défricher ni faire écorce.

Peut-être endommagée à l'époque des guerres de la Réforme, l'église Saint-Christophe avait encore des revenus au XVIIe siècle. D'après un procès-verbal de visite épiscopale, Antoine Ducros, évêque de Saint-Paul, étant à la Garde en 1620, il lui est « remonstré que le seigneur evesque de Viviers prend le » disme en un quartier appelé les Saunières et Plan Soubeyran, » qui lui revient tous les ans 60 sestiers de bled, et c'est pour » une chapelle appelée de St Christol, laquelle est dans le » mandement de Donzère, sans qu'il fasse pour raison de ce » aucun service à lad. chapelle. » Le prélat visiteur promit de prendre à Donzère une décision touchant Saint-Christophe. Elle fut favorable à l'évêque de Viviers, car Louis de la Baume, vers ce temps-là, plaidait contre divers particuliers qui avaient enlevé leurs gerbes sans payer la dîme, et contre les consuls, leurs garants.

Plus tard, les habitants des Granges, ne trouvant pas le service religieux à Saint-Christophe ni à Saint-Pierre de Bertoare (autre chapelle entre la Garde et les Granges), finirent par demander un chapelain chez eux. L'évêque de Saint-Paul le leur accorda en 1670. Mais il fallait l'entretenir. Ils s'adressèrent aux bénéficiers qui levaient la dîme. De Tulle, prieur de Saint-Apollinaire de la Garde, et Barthélemy, vicaire perpé-

---

8 et 174-7 ; — MIGNE, loc. cit. ; — L'abbé VINCENT, *Not. cit.*, pp. 25, 38 et 46-7 ; — Notes dues à l'obligeance de M. Mayousse, curé de Donzère.

tuel de Roussas, donnèrent des raisons de n'être tenus à rien L'évêque de Viviers, prieur ou recteur de Saint-Christophe, trouva aussi la demande inadmissible, sans fournir des arguments bien sérieux. Melquion, prieur de Saint-Pierre de Bertoare, le chapitre de Grignan, prieur de la Garde, et Orcel, curé de ce dernier lieu, accueillirent favorablement les prétentions des 81 chefs de famille des Granges, à condition de ne payer qu'en proportion des dîmes perçues par eux. L'évêque de Saint-Paul, entrant dans les vues des habitants des Granges, par sentence du 11 octobre 1695, érigea en cure indépendante de la Garde la chapelle de Saint-Joseph élevée au Logis-de-Berre, et y nomma un curé à portion congrue de 300 livres payables par tous les décimateurs.

La chapelle Saint-Christophe était-elle encore debout, lorsqu'on faisait ce prélèvement sur ses revenus ? Nous l'ignorons. Mais aujourd'hui un temps déjà long a passé sur ses ruines, puisqu'il n'en reste plus rien, sauf un vague souvenir [1].

*Saint-Saturnin.* — La chapelle de ce nom fut, comme la précédente, confirmée nommément à l'abbaye de Tournus par les bulles citées de 1105 et suivantes. Elle existait donc encore en 1246. Malgré sa disparition déjà éloignée, dont on ignore la cause, elle laisse quelque souvenir dans son nom encore attaché au quartier qu'elle occupait au nord de Donzère, dans la montagne située entre ce lieu et Châteauneuf [2].

*Eglise des Pénitents.* — « Sous l'empire de circonstances de« meurées cachées, on édifia une vaste et belle chapelle conti« güe à l'église de Saint-Philibert. Le style architectural que
« révèle son ensemble accuse les tendances de l'art au com« mencement du seizième siècle. Par qui fut érigé cet édifice ?
« était-il consacré aux réunions d'une riche et populaire con« frérie ? En l'absence de documents certains, il est difficile de
« résoudre ces questions. » Quoi qu'il en soit de ses origines, pillée et dégradée pendant la courte domination des Huguenots,

---

1. Chifflet, Juénin et Migne, locis cit.;— Lacroix, op. cit., t. III, p. 338 9 ; t. IV, pp. 90, 100-1 et 131-2 ; — *Invent. des arch. de la Drôme*, E, 3445 ; — Notes de M. Mayousse.

2. Chifflet, Juénin et Migne, locis cit. ; — Notes de M. Mayousse.

cette chapelle fut ensuite réparée. Sa cession en 1619 (selon M. Vincent) ou en 1624 (suivant M. Lacroix), par l'évêque de Viviers, aux « Pénitents » du lieu, qui s'y réunirent dès lors pour l'accomplissement de leurs devoirs, la fit appeler « l'église des Pénitents. »

L'édifice « porte ce cachet de grâce, de distinction et de pu-
« reté qui caractérise les constructions de la période ogivale et
« que devraient donner à leurs œuvres les architectes de nos
« jours. L'intérieur consiste en une seule nef couverte par une
« voûte hardie dont les nervures, surtout celles du chœur, ont
« été traitées avec un soin délicat. La rosace qui s'ouvre sur
« la façade du couchant et les fenêtres du sanctuaire révèlent
« la décoration usitée au commencement du seizième siècle. »
On remarque aussi l'autel en bois du chœur. Mais, là comme à Saint-Philibert, des peintures de mauvais goût offusquent les regards [1].

*Notre-Dame de Pitié*. — Au levant et non loin du bourg, à l'entrée d'une vallée étroite et profonde, est une modeste chapelle dédiée à « Notre-Dame de Pitié », et que sa position fait désigner aussi sous le nom de Notre-Dame de Combe-Longe. M. Vincent dit que l'édifice actuel a été « bâti avec les décombres
« d'un plus riche oratoire abattu pendant les guerres de la
« Réforme. »

Cet oratoire est pauvre et sans architecture, mais il est en bon état et proprement entretenu. Ce n'est point un lieu de pélerinage proprement dit ; mais les habitants de Donzère l'ont en grande vénération et y vont prier fréquemment. Plusieurs y ont ressenti les effets de la puissante protection de Notre-Dame, et vu leurs prières récompensées par des faveurs. On y vient dire la sainte Messe le dimanche qui suit le 8 septembre, et quelques fois dans le courant de l'année [2].

*Saint-Joseph*. — Depuis quelques années une honorable famille de Donzère a fait élever à ses frais et donné à la paroisse

---

1. L'abbé Vincent, *Not.* cit., pp. 25, 38, 42 et 46 ; — Lacroix, *L'arrond. de Montél.*, t. III, p. 349.

2. L'abbé Vincent, *Not.* cit., pp. 25, 38 et 47 ; — L'abbé Nadal, *Mois de Marie*, p. 103-5 ; — Lacroix, op. cit., t. III, p. 350-1 ; — Notes de M. Mayousse.

une chapelle dédiée au glorieux époux de Marie. Elle est située au couchant du bourg, sur la route de Viviers. Elle est d'un aspect plus gracieux que celle de Combe-Longe, et un peu plus grande 1.

*Sacré-Cœur de Jésus.* — La famille Souchières possède à son domaine de l'Isle une chapelle privée dédiée au Sacré-Cœur.

### IV. Confréries.

Les anciennes confréries avaient un caractère à la fois religieux, charitable et fraternel. Leur but était de porter à la piété, de secourir et d'unir les confrères, quelquefois de secourir les âmes du purgatoire. Leurs attributions et leurs moyens variaient suivant les statuts de chacune. Voici celles qu'on trouve établies à Donzère.

*Confrérie de Saint-Vincent.* — M. l'abbé Vincent a trouvé cette confrérie établie à Donzère dès le XIV$^e$ siècle. C'est probablement à elle qu'appartenait cette « maison de la Confrérie », dans laquelle se réunissait jadis le conseil des notables du lieu pour la gestion des affaires municipales.

Des actes du XVII$^e$ siècle nous la montrent composée des vignerons du pays. En 1693, l'évêque de Saint-Paul en approuva les statuts. Cette approbation fut renouvelée en 1752 par un autre évêque de Saint-Paul, Mgr de Reboul de Lambert, qui exigea que la fête patronale n'en fût plus chômée, et que les confrères ne portassent à la procession du jour « ni souche, ni objet insolite. »

Cette confrérie existe encore aujourd'hui 2.

*Confréries de Saint-Antoine et de Saint-Sébastien.* — L'existence de l'une et de l'autre au XV$^e$ siècle est constatée par les archives de Donzère. Saint Antoine et saint Sébastien étaient invoqués contre la peste, et ces confréries furent apparemment instituées à l'occasion des fléaux contagieux qui sévirent dans la contrée 3.

---

1. Notes de M. Mayousse.
2. L'abbé Vincent, *Not.* cit., p. 23 et 25 ; — Lacroix, loc. cit. ; — Notes de M. Mayousse.
3. Lacroix, loco cit.

*Confrérie du Bassin des âmes.* — Elle avait pour but de prier et de faire prier pour les trépassés. On la trouve en d'autres lieux, notamment en la paroisse Saint-Nicolas de Romans au commencement du XVI<sup>e</sup> siècle.

*Confrérie du Saint-Sacrement.* — Elle fut établie comme moyen de favoriser la piété envers l'auguste Sacrement de l'autel. Elle existait à Donzère quelques années après les guerres de la Réforme [1].

*Confrérie des Pénitents blancs.* — La plus ancienne confrérie de Pénitents blancs est celle du *Gonfalon*, instituée à Rome en 1264. Il y eut des Pénitents blancs à Avignon en 1527 et à Lyon en 1577. Une confrérie en fut organisée à Donzère, vers 1601, par les soins de M. de Moreton : l'évêque de Viviers lui donna, quelques années après, la grande chapelle attenante à l'église paroissiale, elle y fit les améliorations requises et s'y installa.

A la fin du XVII<sup>e</sup> siècle, cette confrérie était prospère à tous points de vue, comme le prouvent les œuvres qu'elle effectua ou entreprit, et dont une partie est relatée dans les actes du temps. En voici un spécimen d'après un document authentique. Nous donnons textuellement ce qui reste de cet acte, qui a pour titre : « Proces Verbail des merveilles operées par la S<sup>te</sup> « Croix du Calvaire des penitens de Donzere, faict le 15<sup>e</sup> juin « 1708. » Quelque tronqué qu'il soit vers la fin, par suite de la disparition de la seconde feuille du cahier qui le contenait, il ne manquera pas d'intérêt.

« Nous curé, chatelain, consuls, officiers, nottables et habi-
« tans de la principauté du lieu de Donzere, soubsignés, cer-
« tiffions et attestons à tous qu'il appartiendra avoir examiné
« et faict examiner avec soin toutes les merveiles dont il est
« parlé dans ce certificat, et qui ont estés operées par la mise-
« ricorde de Dieu en faveur des personnes qui, plain de con-
« fiance aux merites de Jesus Crucifié, luy ont adressé leurs
« voeux aux pieds de la nouvelle Croix erigée sur le Calvaire
« des penitens, à Donzere, c'est par la vertu de la Croix du
« Sauveur qu'ils ont obtenu les graces extraordinaires dont il

---

1. L'abbé Vincent, *Not.* cit., pp. 25 et 42.

« est faict ycy mention ; premierement que le jour du Vendredy
« Saint sixiesme avril mil sept cents huit, les R. P. Bernou et
« Bernardet, de la Compagnie de Jesus, faizants la mission en
« ce lieu, ayant faict eslever une Croix avec M$^{rs}$ les penitens
« malgré les toneres et une grande pluye, on s'apperçut au
« retour de la procession que pluzieurs des penitens quy avoint
« porté la S$^{te}$ Croix n'estoint aucunement mouillés, quoy que
« tous les autres qui n'avoint pas heu ce bonheur se sentissent
« percés de la pluye, ce qui causa une admiration generale.
« 2° Le nommé Jean Hugon, habitant de ced. lieu, agé d'en-
« viron soixante ans, voyant passer la sainte Croix lhors qu'on
« l'alloit placer au Calvaire des penitens, ne pouvant l'accom-
« pagner estant accablé depuis quatre semaines de douleurs ex-
« traordinaires, voyant que tout le peuple adcistoit avec toutte
« sorte de veneration et de respect a ceste s$^{te}$ action, il demanda
« pour lhors a Dieu les graces de pouvoir suivre les autres a
« ceste sainte ceremonie, et en ce mesme moment il sentit tout
« a coup que ces douleurs cessèrent, en sorte qu'il se redressa
« sur le champ, et fut a l'androit où l'on venoit d'arborer cette
« sainte Croix, d'où il revint aussy sain que s'il n'avoit jamais
« heu aucun mail, quoy que les douleurs quil avoit aupara-
« vant l'empechassent de pouvoir se tenir droit, estant obligé
« de se tenir sur ses mains, et mesmes lhors qu'il mangeoit, ne
« pouvant s'en servir que d'une, estant obligé de se soustenir
« de l'autre, il ne lui est resté aucune incommodité ny douleur
« d'une sy grande maladie, et il marche aujourdhui avec au-
« tant de facilité que s'il n'en avoit jamais esté ataing. 3° Le
« ving septiesme may mil sept cents huit, Louise Bouvier, de
« ce lieu, femme de Louis Sibour, nouvelle convertie, aagée
« d'environ quarante cinq ans, ayant esté interrogée de
« quelle magniere elle a esté guerie de differans maux dont elle
« estoit attaquée, a declairé qu'estant attainte d'une grande
« douleur de teste, d'un cruel mail aux dents et d'une fievre
« violante, ne pouvant se tenir en aucun endroit, tant elle
« estoit tourmentée, quil remede qu'ille peut faire, voyant que
« tout cella ne lui servoit de rien, elle auroit faict veu d'aller
« pendant neuf jours à la s$^{te}$ Croix et dimanda a Dieu sa gue-

« rizon ; elle n'eut pas achevé de faire son voeu que sur le
« chant elle se trouva guerie. Sa devotion a la s^te Croix ayant
« esté rafroydie, elle fut de nouveau attaquée viollammant des
« mesmes maux, ce qui lui fit renouveler son voeu d'aller pen-
« dant neuf jours a la mesme Croix implorer le secours divin ;
« elle fut sur le chant guerie de nouveau, et, quelques jours
« après, estant allée pour cuilir de la feulhe... »

Le souvenir de ces prodiges existe encore, quoique d'une manière confuse, dans la population de Donzère, qui parle toujours avec respect de cette croix « du Calvaire », autrement dite de la *Garenne*. Pour favoriser la piété, la confrérie des Pénitents de Donzère voulait faire encore plus, car « il ré-
« sulte, dit M. Lacroix, de l'inventaire de ses archives, obli-
« geamment communiqué par M. Ourlin, qu'elle fut autorisée,
« en 1690, à construire de ses deniers un oratoire à la Croix
« de la Garenne, où des prodiges avaient eu lieu. » Du reste, le procès-verbal ci-dessus ressemble singulièrement à celui qu'on dut présenter pour obtenir cette autorisation. Seulement, on voit que la date attribuée à celle-ci par l'inventaire est inexacte, et il ne fut pas construit de chapelle à la croix « de la Garenne » ou « du Calvaire ». Quant à la croix, elle ou une remplaçante a disparu en 1856 avec le terrain, ou plutôt le gravier, qui fut exploité pour les remblais du chemin de fer.

*Confrérie du Saint-Rosaire.* — Elle fut établie ou relevée au commencement du XVII^e siècle, et reçut l'approbation du vicaire-général des Frères-Prêcheurs le 10 octobre 1618. Elle prospère aujourd'hui.

*Confrérie de l'Immaculée-Conception.* — Etablie en 1835 par M. Sisteron, curé, elle prospère également 1.

V. Institutions hospitalières et charitables.

*Hôpital.* — Sans doute l'antique abbaye de Donzère eut un local destiné au logement charitable des étrangers et des voyageurs pauvres. Toujours les monastères ont eu un hôtelier

---

1. Archives de l'église de Donzère ; — L'abbé Vincent, *Not.* cit., p. 42 ;
— Lacroix, loc. cit. ; — Notes de M. Mayousse.

*(hospitalarius)*, et une hôtellerie pour les pèlerins et les pauvres. A Donzère, lieu de passage, la chose avait complètement sa raison d'être. Il est à croire qu'on s'y en est spécialement préoccupé. Quand l'empereur Louis-le-Débonnaire confirma, en 814, à l'abbaye de Donzère les biens et immunités dont elle jouissait, il motiva ses largesses et privilèges par un double but : donner au monastère plus de facilité pour *assister les pauvres* et pour entretenir ses religieux *(in alimoniam pauperum ac stipendia monachorum ibidem Deo famulantium proficiat in augmentum)* [1].

Plus tard, les religieux de Tournus avaient à Grignan, hors du bourg, l'église d'une *aumône* ou hôpital. Cette église leur fut confirmée en 1105, 1179 et 1246 [2]. Une aumône du même genre avait encore plus de raison d'être à Donzère. Si on ne leur trouve pas d'église d'*aumône* en ce lieu, dont ils étaient prieurs, c'est peut-être parce que le service religieux de l'établissement n'aura pas demandé une église spéciale. Mais, s'il y avait une *aumône*, elle devait être aussi hors des murs. Cet isolement paraît avoir été nécessaire pour ne pas exposer les bourgs à des surprises et à la contagion. Ne nous fions pas trop à des données d'induction. Mais, toujours est-il que, au sud-est de Donzère, à peu de distance des murs de clôture, se voyait au commencement du XVe siècle un asile pour les malheureux ; asile déjà bien ancien, puisque il avait alors besoin d'être *restauré* ; asile dépendant de l'administration municipale, puisque la restauration en incombait à la commune. En effet, dans les dépenses communales de 1436 figure la restauration « de l'ostal « (maison) de l'espital [3]. »

1. Chifflet, op. cit., p. 260-2.
2. Chifflet, op. cit., pp. 400-6 et 454 ; — Juénin, op. cit. preuv., pp. 145-8 et 174-7 ; — Migne, *Patr. lat.*, t. CLXIII, c. 161.
3. Lacroix, op. cit., t. III, p. 291-2. — M. l'abbé Vincent (*Not.* cit., p. 23-4) dit que l'hôpital était destiné à l'origine à recevoir les lépreux et les pestiférés, mais que « la lèpre ayant disparu de nos contrées, la maison « qui abritait ces tristes victimes devint un hospice consacré désormais « à recevoir les pauvres du mandement. » Cette attribution de l'hôpital aux lépreux et aux pestiférés est inspirée par sa position hors du bourg. Mais il y a lieu d'observer que souvent il fallait laisser hors des bourgs les hô-

Cet établissement recevait des particuliers, surtout des mourants, de nombreux dons et legs.

Plus tard un bureau de charité administrait les biens des pauvres et distribuait les secours. Quelques-uns de ses comptes encore existants accusent des recettes annuelles de 30 livres et des dépenses équivalentes, au commencement du XVII° siècle.

« La dotation des pauvres, outre les dons et legs, compre-
« nait encore la 24° partie de la dîme, une pension annuelle de
« 18 livres due par l'évêque, et une autre de 15 livres établie
« par Georges Joubert, de Donzère, capitaine-major au régi-
« ment de Languedoc, dans son testament d'avril 1649. »

Au XVII° siècle, l'évêque de Viviers, comme prieur, au lieu de la 24° partie de la dîme, faisait « bailler et délivrer chaque
« semaine de l'année par le rentier de son four banal la quan-
« tité de 60 livres de pain, provenues du droit de fournage,
« lesquelles étoient de main en main distribuées par deux
« personnes à ce commises par la communauté aux pauvres
« nécessiteux. »

À cette date, les biens formant la dotation des indigents étaient régis par deux ou trois délégués, appelés vulgairement *charitous* et élus comme les consuls et le même jour. « En
« 1748, Blondeau, curé de la paroisse, touché de la misère pu-
« blique causée par les guerres, les inondations, la stérilité du
« sol et la cessation du commerce, propose un règlement
« nouveau. Cinq notables, y compris le curé, élus en conseil
« général, composent le bureau de charité ; parmi eux se re-
« crutent le recteur, le trésorier et le secrétaire. La distribu-

---

pitaux de pauvres et de malades ordinaires, tels que Donzère dut en avoir un avant, pendant et après l'invasion de la lèpre et de la peste. Ces fléaux, qui n'étaient pas d'un caractère bien permanent, ne comportaient guère, du moins à Donzère, l'érection d'un hôpital en faveur de leurs victimes. Au surplus, les pestiférés n'avaient pas d'hôpital commun avec les lépreux, qui étaient le plus souvent confinés et isolés dans de simples cabanes. En plusieurs contrées, celles-ci étaient même brûlées à la mort de l'occupant. Quant à l'existence de la lèpre à Donzère, les archives locales n'en parlent qu'une fois. En 1514, Rambaud, prêtre, soupçonné d'en être atteint, fut visité par des médecins de Montpellier et déclaré sain (LACROIX, op. cit., t. III, p. 346).

« tion des 60 livres de pain du fournage, du vin de la dîme et
« de la viande due par le fermier du monopole de la boucherie
« est surveillée par eux. Le curé demandait, en outre, que les
« enfants pauvres estropiés fussent envoyés gratis à l'école, et
« les filles indigentes dotées lors de leur mariage ; mais le bu-
« reau rejeta ses propositions, à cause de l'exiguité des res-
« sources de l'hôpital et du bureau.
« Cet hôpital était destiné surtout aux passants infirmes, et,
« en 1789, une ou deux familles indigentes y logeaient. Les
« revenus des pauvres étaient alors de 320 livres par an et de
« la 24ᵉ partie de la dîme [1]. »

Aujourd'hui, nonobstant certains *Annuaires de la Drôme* qui plaçaient encore récemment un hôpital à Donzère, ce lieu n'a de l'hôpital que le souvenir.

*Assistance des pestiférés et malades.* — Le Dauphiné et la Provence furent souvent ravagés par la peste pendant les XIVᵉ et XVᵉ siècles. Donzère eut sa part d'épreuve. En 1347 surtout, ce redoutable fléau, après avoir frappé le Comtat-Venaissin, régna dans nos contrées pendant une année consécutive. Les documents de cette époque font un tableau lugubre des ravages qu'exerça la contagion et de la misère où elle plongea Viviers, Donzère, Châteauneuf et les bourgs voisins. Nous ne savons quelles mesures Donzère prit pour arrêter ou atténuer le mal.

A la fin du XVᵉ siècle, la peste sévit de nouveau, et les malheureux pestiférés sont séquestrés à la campagne. C'est peut-être alors que furent établis à Donzère les deux confréries de Saint-Antoine et de Saint-Sébastien, dont le but spécial était ordinairement d'obtenir de Dieu l'éloignement de la contagion.

En 1564, l'administration des biens des pauvres alloua 4 florins à Monier, de Roche, Vincent et Albaleste « qui ne cessoyent d'aller de jour et de nuit vers les malades ».

En 1629 sonne de nouveau l'heure de l'épouvante. La peste sème dans le voisinage la mort et le deuil. Les consuls de Donzère font barricader les portes du bourg, et un corps de

---

1. Lacroix, op. cit., t. III, p. 345-6 ; — Notes de M. Mayousse.

miliciens veille jour et nuit pour empêcher toute communication avec le dehors ; mais le fléau franchit les obstacles. Chirurgiens, infirmiers, membres du *Conseil de santé*, prêtres et magistrats se dévouent au salut de tous ; mais de nombreuses victimes sont emportées.

Donzère, qui en 1639 avait un chirurgien, tenta à la fin du XVII° siècle « d'organiser l'assistance médicale : ainsi Thierry,
« docteur médecin à Saint-Paul, recevait 60 livres par an pour
« venir chaque jeudi à Donzère. Ses visites étaient taxées ce
« jour-là 12 sols et les autres jours 40. Lorsqu'on l'appelait,
« il recevait 40 sols, plus les frais de déplacement ; et lorsqu'il
« couchait à Donzère, il en était de même.

« On ne trouve plus dans la suite d'autre tentative de ce
« genre 1. »

*Bureau de bienfaisance.* — Organisé sous le second empire, il a un revenu annuel d'environ 600 francs, provenant de rentes sur l'Etat et de secours de la commune.

## VI. Ecoles.

*Ecole de garçons.* — La première mention d'un instituteur auquel les consuls de Donzère paraissent s'intéresser se trouve dans un compte de 1558, et pour la somme minime de 16 sols.

Le 18 octobre 1578 arrive « un maistre d'escolle pour ap-
« prendre les enfants » ; il se présente aux consuls, disant que
« s'ils le vouloient recepvoir, il s'arresteroit, pourveu qu'on
« lui donnast moyen de vivre et quelques gaiges pour s'entre-
« tenir d'accoustrement, pour qu'ils advisent si on le fera
« arrester ou si on lui donnera congié. » Les consuls demandent à connaître le nombre des enfants qui désirent fréquenter l'école, afin de répondre au maître qui s'est présenté.

En 1638, Guille reçoit 18 livres pour apprendre à lire et à écrire. En 1640, Richon en obtient 35.

En 1662, le conseil de ville, sur le désir de l'évêque de Viviers que l'école soit confiée à Bonfils, décide de donner à celui-ci jusqu'à 30 livres par an, à condition qu'il enseignera par

1. L'abbé VINCENT, *Not.* cit., pp. 15-6 et 39-40 ; — LACROIX, op. cit., t. III, p. 346-7.

charité 4 enfants orphelins ou nécessiteux à désigner par la communauté. Puis viennent Charles d'Alzon, Sticard et Lavergne.

En septembre 1687, l'évêque de Saint-Paul croit Donzère sans maître et en envoie un de son choix aux consuls, qui répondent qu'ils sont contents de celui qu'ils ont. Ils prient le prélat de le confirmer en ses fonctions et de leur obtenir les 50 livres promises par S. M.

A la démission de Lheureux, en 1690, Bonfils, originaire de Donzère, désire le remplacer aux gages de 45 livres payables par trimestre, outre ce que les écoliers lui payeront, savoir : ceux qui sauront écrire 12 sois, les autres 6 sols par mois.

Le 8 mai 1698, Claude Lheureux, d'Annecy, qui s'était marié à Donzère en 1681, revient et reçoit 75 livres, outre les rétributions mensuelles. Il est en fonctions jusqu'à 1705, puis devient notaire. Son fils Pierre, né le 28 septembre 1682, d'abord lieutenant de roi à Césanne, fut anobli et acquit le titre de seigneur du comté de Romecourt.

Vers 1740, les gages du maître d'école sont de 100 livres, et vers 1750 de 150 livres. Morand avait 25 liv. par trimestre en 1772, et Lemoyne 37 liv. 10 sols en 1781 et en 1786.

Aujourd'hui Donzère a un instituteur laïque avec adjoint.

*École de filles.* — Vers 1740, les gages de la maîtresse d'école étaient de 50 livres, et vers 1750 ils montaient à 80 livres.

Il résulte de documents relatifs à 1769 que la même personne instruisait alors les deux sexes ; mais la mesure était transitoire.

Aujourd'hui l'école est tenue par les religieuses de Sainte-Marthe. Elle est un des premiers postes confiés à cette congrégation, si remarquée pour l'intelligence et le zèle dévoué qu'elle déploie dans l'instruction de la jeunesse. Il y a 6 sœurs, dont 2 pour l'asile établi depuis une douzaine d'années 1.

## VII. Illustration religieuse.

Parmi les illustrations religieuses du Dauphiné, il en est une, et des plus pures, dont la gloire se reflète sur Donzère.

---

1. Lacroix, op. cit., t. III, p. 343-5 ; — *Bullet. de la Soc. d'arch. de la Drôme*, t. VII, p. 426 ; — Notes de M. Mayousse.

Nous voulons parler du père Joseph JOUBERT, qui appartient à une des familles principales de ce lieu.

Il naquit, non à Lyon, comme disent la *Biographie* de FELLER et la *Nouvelle biographie générale*, mais à Donzère, le 24 octobre 1688. Son père, Joseph Joubert, sénéchal de Montélimar, sieur de Navon, avait pris pour armes : *d'or, à une ancre de sable, au chef d'azur, chargé de deux étoiles d'or*. Sa mère était Françoise Varages.

Entré dans la Compagnie de Jésus, il fut envoyé successivement dans plusieurs maisons de cet ordre. Il professa longtemps les basses classes au collége de la Trinité de Lyon, où il mourut le 20 février 1719 selon le P. de COLONIA et M. ROCHAS, en 1724 d'après SABATIER et M. DELACROIX.

On a de ce savant un *Dictionnaire français et latin, tiré des auteurs originaux et classiques de l'une et de l'autre langue*. Lyon, L. Declaustre, 1709, in-4°; 2ᵉ édition, Lyon, Declaustre, 1718, in-4; 3ᵉ édit., Paris, Barbou, 1725, in-4°. Il fut souvent réimprimé depuis. D'après l'édition de 1747, faite à Amsterdam, le *Dictionnaire* du P. Joubert avait déjà eu à cette époque 6 éditions de 4,000 exemplaires chacune. On en fit aussi un abrégé pour les commençants. L'ouvrage a donc eu une grande vogue. Mais il n'est plus consulté depuis les travaux plus complets des lexicographes modernes.

La *Bibliothèque des écrivains de la Compagnie de Jésus* par A.-A. de BACKER (2ᵉ édit., 1872, t. II, c. 362), lui attribue, sans autres renseignements, « quelques panégyriques impri-« més sous un autre nom que le sien [1].

---

[1]. DELACROIX, *Statist. du départ. de la Drôme*. p. 502, ROCHAS; — *Biogr. du Dauphiné*, I, 451-2; — L'abbé VINCENT, *Not.* cit., p. 49; — LACROIX, op. cit., t. III, p. 353.

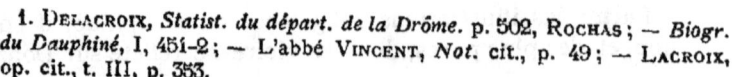

Montbéliard, imp. P. Hoffmann. — I, 545.

www.ingramcontent.com/pod-product-compliance
Lightning Source LLC
Chambersburg PA
CBHW060519050426
42451CB00009B/1061